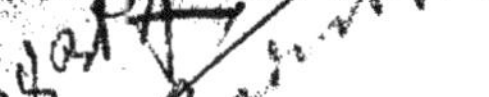

CATALOGUE

DE

155 TABLEAUX

COMPOSANT LA

Collection de M. DESPERET

DONT LA VENTE AUX ENCHÈRES PUBLIQUES AURA LIEU

PAR SUITE DE SON DÉCÈS

HOTEL DROUOT

SALLE N° 4

Le Lundi 15 Janvier 1866

A 2 HEURES PRÉCISES

Me **DELBERGUE-CORMONT**, Commissaire-Priseur,
rue de Provence, 8,

Assisté de **M. DHIOS**, Expert, rue Le Peletier, 33,

Chez lesquels se distribue le présent Catalogue.

EXPOSITION PUBLIQUE

Le Dimanche 14 Janvier 1866, de une heure à cinq heures.

PARIS
RENOU & MAULDE
IMPRIMEURS DE LA COMPAGNIE DES COMMISSAIRES-PRISEURS
Rue de Rivoli, 144.

1866

RENOU & MAULDE

IMPRIMEURS DE LA COMPAGNIE DES COMMISSAIRES-PRISEURS

Rue de Rivoli, 144.

CATALOGUE

DE

155 TABLEAUX

COMPOSANT LA

Collection de M. DESPERET

DONT LA VENTE AUX ENCHÈRES PUBLIQUES AURA LIEU

PAR SUITE DE SON DÉCÈS

HOTEL DROUOT

SALLE N° 4

Le Lundi 15 Janvier 1866

A 2 HEURES PRÉCISES

Me DELBERGUE-CORMONT, Commissaire-Priseur,
rue de Provence, 8,

Assisté de **M. DHIOS,** Expert, rue Le Peletier, 33,

Chez lesquels se distribue le présent Catalogue.

EXPOSITION PUBLIQUE

Le Dimanche 14 Janvier 1866, de une heure à cinq heures.

PARIS
RENOU & MAULDE
IMPRIMEURS DE LA COMPAGNIE DES COMMISSAIRES-PRISEURS
Rue de Rivoli, 144.
1866

CONDITIONS DE LA VENTE

Elle sera faite au comptant.

Les Acquéreurs paieront CINQ pour CENT en sus de l'adjudication.

L'Expert a conservé, pour le Catalogue, les attributions données par M. DESPERET.

Les Amateurs d'art qui se sont empressés de couvrir d'enchères les dessins de la Collection DESPERET mise en vente il y a près d'un an, trouveront encore dans celle des tableaux de cet artiste amateur, de cet infatigable chercheur de chefs-d'œuvre, des toiles remarquables de Maîtres anciens et de précieuses études de l'École moderne.

Parmi ces toiles assez nombreuses, où le choix de l'homme de goût, de l'artiste érudit se fait toujours sentir, nous recommandons particulièrement au public plusieurs œuvres du premier mérite : d'abord son tableau du Corrége, décrit par Félibien, disparu depuis longtemps de la galerie Barberini où il se trouvait encore au commencement du XVIIIe siècle, et qu'on a cru depuis en Angleterre.

Voici ce qu'en dit Félibien :

« La pièce la plus fine que j'aye veuë de lui (du « Corrége), est un petit tableau qui étoit à Rome « dans le cabinet du cardinal Antoine Barberini ; « c'est une figure nue représentant un des disciples « de Notre-Seigneur, qui laisse aller son manteau « entre les mains des Juifs qui le poursuivent dans

« le jardin des Oliviers. Cette peinture m'a paru au-
« trefois si belle que je ne me souviens pas d'avoir
« rïen veu de si agréable (1). »

La manière dont DESPERET fit l'acquisition de cette peinture, les circonstances qui enveloppaient cette trouvaille d'une sorte de mystère, nous paraissent assez intéressantes pour en tracer ici l'historique.

La toile, sur laquelle était peint ce petit chef-d'œuvre, n'attira d'abord l'attention de notre Amateur que par son ancienneté et son origine italienne; elle était recouverte d'une couche de détrempe représentant un paysage informe qui n'avait été fait évidemment que pour cacher la précieuse peinture qu'il recouvrait. Ce ne fut qu'après avoir découvert sous cette couche de détrempe le pied si admirablement peint de la figure principale, que DESPERET frappé d'un rayon de lumière consulta l'ouvrage de Félibien dans lequel se trouvait la description de l'œuvre du Corrége. Ce fut alors qu'il acquit la certitude d'avoir entre les mains ce tableau dérobé depuis longtemps à l'admiration des Amateurs.

L'éclat argentin des carnations, la touche moelleuse répandue dans cette peinture, la transparence des ombres, et surtout, la manière franche avec laquelle sont traitées toutes les parties de l'œuvre, ne peuvent laisser admettre la supposition d'une copie et nous font partager l'opinion de son ex-possesseur.

(1) Entretiens sur les Vies et les Ouvrages des plus excellents Peintres anciens et modernes, par A. Félibien (Amsterdam, 1705, 5 vol. in-12).

Après avoir éveillé l'attention des Amateurs sur ce délicieux tableau de chevalet, nous leur signalerons comme œuvres capitales de la Collection Despéret :

Le portrait d'un grand d'Espagne, peint par Holbein, où l'on retrouve toute la science naïve de ce maître.

Un beau Claude-Lorrain.

Une tête de Greuze, étude ayant servi au tableau de ce maître, intitulé *le Tendre désir*, tiré du cabinet de M. de Véri.

Un Huismans de Malines, plein de chaude lumière et d'harmonie.

Deux têtes peintes à fresque de Bernardino Luini ;

Une du Sodoma, fresque ;

Une figure de femme du Parmezan ;

Plusieurs têtes attribuées à Jean Bélin ;

Quelques bonnes toiles des Écoles espagnole, flamande et hollandaise.

Plusieurs Hubert-Robert et beaucoup d'autres jolies toiles de l'Ecole française du XVIIIe siècle, ainsi que de remarquables études de peintres modernes, tels que : Prudhon, Bonnington, Géricault, Paul Delaroche, etc.

DÉSIGNATION

DES

TABLEAUX

ÉCOLES ITALIENNE & ESPAGNOLE

ALONZO CANO

1 — Apparition de saint Louis de Gonzague à des vieillards. (Esquisse.)

ANTONIO MORO

2 — Portrait d'un Chevalier du Saint-Esprit.

BERNARDINI LUINI

3 — Deux têtes : une tête de Femme et une tête avec un casque. (Fresque.)

CORRÉGE

4 — Disciple poursuivi par un soldat de la suite de Judas.

CORRÉGE (Copie d'après LE)

5 — Martyre de sainte Constance.

CORRÉGE (Copie d'après LE)

6 — Le Christ au Jardin des Oliviers.

RAPHAEL (Copie d'après)

7 — Stances.

RAPHAEL (Copie d'après)

8 — Sainte Famille.

CANALETTO

9 — Un Monastère sur une colline, avec figures.

ÉCOLE MILANAISE

10 — Madeleine pénitente.

ÉCOLE VÉNITIENNE

11 — Départ de Tobie.

ÉCOLE DE CARRACHE

12 — Tête d'Ange, d'après le Corrége.

ÉCOLE VÉNITIENNE

13 — Tête de jeune Femme.

ÉCOLE VÉNITIENNE

14 — Le Christ se dépouillant de sa tunique.

ÉCOLE DU CARAVAGE

15 — Un Martyr.

ÉCOLE DE L'ALBANE

16 — Paysage. Une Bacchanale.

ÉCOLES PRIMITIVES

17 — Une tête de saint Dominique, fond d'or; le Christ, la Sainte-Vierge et le Madeleine.

ÉCOLE VÉNITIENNE

18 — La Vierge et l'Enfant.

ÉCOLE DU GUIDE

19 — La Madeleine repentante.

ÉCOLE DE RAPHAEL

20 — Frappement du rocher. (Grisaille.)

ÉCOLE VÉNITIENNE

21 — Trois têtes de Vieillards.

ÉCOLE DE PAUL VÉRONÈSE

22 — Un Empereur romain. (Grisaille.)

ÉCOLE VÉNITIENNE

23 — Saint Mathieu l'Evangéliste.

ÉCOLE VÉNITIENNE

24 — Deux têtes d'Homme.

ÉCOLE VÉNITIENNE

25 — La Vierge apparaît à un évêque et à un moine.

ÉCOLE DU GUIDE

26 — Une Madeleine.

ÉCOLE VÉNITIENNE

27 — Orphée et Eurydice.

FRA BARTOLOMÉO

28 — La Vierge et l'Enfant.

GASPARD DUGHET

29 — Paysage historique.

GASPARD DUGHET

30 — Paysage, site montagneux.

GUIDO RENI

31 — Tête d'Esther.

GUIDO RENI

32 — Tête de saint Michel.

PORDENONE

33 — Saint Christophe portant le Christ.

PARMESAN

34 — Une tête de Femme les mains sur la poitrine.

SODOMA

35 — Une sainte Famille. (Fresque.)

SASSO-FERRATO

36 — Une tête de Vierge.

TITIEN

37 — Un jeune Homme sonnant de la trompe.

RIBERA (École de)

38 — Tête de Vieillard.

MURILLO

39 — Sacrifice d'Abraham.

MURILLO

40 — La Nativité (Esquisse.)

VÉLASQUEZ

41 — Un Moine franciscain prêchant un roi de Castille.

RIBERA

42 — Une tête de Vieillard.

RIBERA

43 43 — Un Martyr.

TOBAR, élève de MURILLO

44 — Le Christ adoré par les anges.

ÉCOLES FLAMANDE & HOLLANDAISE

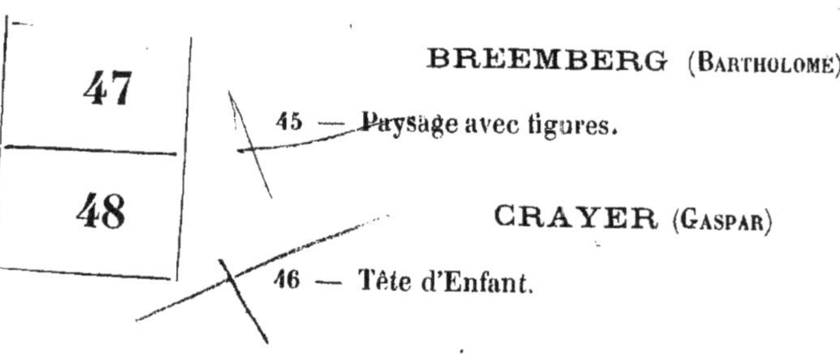

BREEMBERG (Bartholome)

45 — Paysage avec figures.

CRAYER (Gaspar)

46 — Tête d'Enfant.

ÉCOLE FLAMANDE

47 — Femme devant une chaumière. (Esquisse.)

ÉCOLE FLAMANDE

48 — Marine. (Esquisse.)

ÉCOLE DE VAN DYCK

49 — Une Madeleine.

ÉCOLE FLAMANDE

50 — Un Cabaret.

ECOLE FLAMANDE

51 — Une étude d'après la bosse.

ÉCOLE DE REMBRANDT

52 — Une tête de Femme.

ÉCOLE FLAMANDE

53 — Études d'animaux.

FLINCK (GAUVAERT)

54 — Jeune Fille à une fenêtre.

FLINCK (GAUVAERT)

55 — Toilette de Vénus.

HONTORTS

56 — Un Clair de Lune. Une vieille Femme donnant à boire à une jeune Fille.

MILLET (FRANCISQUE)

57 — Paysage italien avec fabriques.

MOUCHERON (Frédéric)

58 — Paysage avec un pont.

POTTER (Attribué à)

59 — Paysage avec animaux et figures.

RICAERT (David)

60 — Une batterie de cuisine flamande.

REMBRANDT (Van Ryn)

61 — Une tête d'Homme avec un turban.

STORCK (J.-V.)

62 — Paysage. Entrée de village.

VAN DYCK (Attribué à)

63 — Portrait d'Homme.

VAN DYCK

64 — Une Main d'un portrait.

VAN DYCK

65 — Esquisse pour la Vierge au Donataire.

HOLBEIN

66 — Portrait d'un Grand d'Espagne.

VANDER MEULEN

67 — Une Femme au pied d'un arbre.

VAN ULDEN

68 — Paysage avec figures de Téniers.

VAN DE VELDE (Adrien)

69 — Le Haras.

TENIERS (le vieux)

70 — Paysan avec sa femme.

HUYSMANS DE MALINES

71 — Une Charrette conduite par un paysan. (Soleil couchant.)

BOL (Ferdinand)

72 — Sujet biblique.

ÉCOLE FRANÇAISE ANCIENNE

74

BOURDON (Sébastien)

73 — Bacchanale.

BOUCHER

74 — Un Concert. (Esquisse.)

CLAUDE LORRAIN

75 — Paysage historique. (Tableau capital.)

CHARDIN

76 — Jeune Femme jouant du clavecin.

CHARDIN

77 — Étude de Fruits.

MIGNARD (Genre de)

78 — Copie dans le genre de Mignard, d'après la nuit du Corrége.

CHARDIN

79 — Une jeune Fille écrivant.

POUSSIN (Ecole du)

80 — Groupe d'Enfants.

FRAGONARD (Ecole de)

81 — Etude d'Enfant.

VINCENT (Ecole de)

82 — Tête d'Homme avec un bonnet de fourrure.

VINCENT (Ecole de)

83 — Tête de Femme.

VOUET (Ecole de)

84 — Assomption de la Vierge.

LEBRUN (Ecole de)

85 — Une Madeleine (sur cuivre).

FRAGONARD

86 — La Charité romaine. (Esquisse.)

FRAGONARD

87 — Une Femme fuyant l'Amour.

FRAGONARD

88 — Études de Ruines.

FRAGONARD

89 — Une femme nue couchée.

FRAGONARD

90 — Un Enfant tenant une grappe de raisin.

HUBERT (Robert)

91 — Ruines de Rome.

HUBERT (Robert)

92 — Les Laveuses, Ruines de Rome.

GREUZE

93 — Tête d'étude d'après sa fille, faite pour le tableau intitulé le *Tendre Désir*.

INCONNU

94 — Ruines de Rome.

INCONNU

95 — Portrait d'Abbé.

JOUVENET (Jean)

96 — Vénus demandant des armes à Vulcain.

JANET, dit CLOUET

97 — Un jeune Page.

LENAIN

98 — Mendiants jouant au dés.

LESUEUR

99 — Sacrifice d'Iphigénie.

LANCRET (Attribué à)

100 — Polichinelle italien devant une femme avec des fruits.

LENAIN (Attribué à)

101 — Evêque bénissant des malades.

LEPRINCE, d'après PAUL POTTER

102 — Un Homme donnant à boire à un cheval.

LENAIN

103 — Enfant tenant une lumière.

LESUEUR

104 — Tête d'Enfant sur fond d'or.

NATOIRE

105 — Sujet pour plafond.

PIERRE

106 — Un Mendiant.

TOURNIÈRE

107 — Portrait d'un Président.

VIGÉE-LEBRUN (Mme)

108 — Portrait d'une jeune Fille.

VERNET (Joseph)

109 — Grotte de Vico-Varo.

VAN LOO

110 — Une tête de Vierge de profil.

WATTEAU

111 — Enfant endormi sur une tête de mort.

WATTEAU

112 — Jeune Garçon apportant un bouquet à une jeune Fille.

ÉCOLE MODERNE

DESPERET (Copie d'après LEDUC)

113 — Scène flamande.

DREUX (ALFRED DE)

114 — Cheval brun.

DEVOYES

115 — Etude faite à Honfleur.

DELAROCHE (PAUL), d'après GRANET

116 — Tête d'étude.

DELAROCHE (PAUL)

117 — Etude pour Hémicycle.

DROLLING (Martin)

118 — Une Femme remettant sa jarretière.

BONNINGTON

119 — Une Plage.

BONNINGTON

120 — Charles-Quint

BONNINGTON

121 — Pêcheur napolitain.

BOILLY

122 — Portrait d'homme.

BOILLY

123 — Portrait de femme.

BOILLY

124 — Portrait du général Saint-Cyr.

BUFFAUL (Ernest)

125 — Animaux avec figures.

DROLLING (Martin)

126 — Tête de jeune Fille.

DECAMPS

127 — Étude de renard. (Signé.)

DECAMPS

128 — Un Garde-Chasse.

DUSAUTOY, élève de **DROLLING**

129 — Sainte Famille.

DAUVIN

130 — Une Gorge dans les montagnes.

GÉRICAULT

131 — Esquisse d'une bataille.

GÉRICAULT

132 — Copie du Samaritain de Rembrandt.

GÉRICAULT

133 — Etude de cheval.

GRANET

134 — Etude du Colisée.

GRANET

135 — Fragment d'arc de triomphe.

GÉRARD (Baron)

136 — Esquisse pour le portrait du général Leclerc.

INCONNU

137 — Etude d'une Gorge dans les montagnes.

ISABEY (Eugène)

138 — Etude faite à Fécamp.

JORAN

139 — Etude d'une église bysantine.

JORAN

140 — Autre étude.

JORAN

141 — Etude de paysage.

JORAN

142 — Étude à Montereau.

LOUBON

143 — Un Paysage avec un Laboureur.

LOUBON

144 — Un Port de mer.

MARILHAT

145 — Un Paysage.

MARILHAT

146 — Bords d'un fleuve avec un groupe d'arbres.

147

MEYNIER

147 — Esquisse pour un des cartouches du Louvre, salle de Diane.

PRUDHON

148 — Sujet tiré d'Andromaque. (Esquisse.)

REGNAULT (le baron).

149 — Serment d'amour.

RAYNAUD

150 — Sujet tiré de la Bible. (Esquisse.)

ROUILLIER

151 — Entrée de village.

SCHENAU, élève de GREUZE

152 — Tête de jeune fille.

TASSAERT (OCTAVE)

153 — Une Sœur de charité en prière devant une vierge.

LELEUX (A.)

154 — Intérieur breton.

VLEUGELS

155 — Son Portrait.

OBJETS DIVERS

156 — Une Figure en bronze.

157 — Un lot de Monnaies.

158 — Deux Horloges.

159 — Deux volumes in-fol., le Nouveau Testament, orné de belles gravures; édition de *Pierre Martin. Amsterdam*, 1700.

RENOU et MAULDE, imprimeurs de la Compagnie des Commissaires-Priseurs, rue de Rivoli, 144. 49091

www.ingramcontent.com/pod-product-compliance
Ingram Content Group UK Ltd.
Pitfield, Milton Keynes, MK11 3LW, UK
UKHW020524180726
13839UKWH00005B/2293